© **Copyright 2024 - Todos los derechos reservados**

El contenido de este libro no puede ser reproducido, duplicado o transmitido sin el permiso directo por escrito del autor o del editor. Bajo ninguna circunstancia se culpará o tendrá responsabilidad legal alguna contra el editor, o el autor, por cualquier daño, reparación o pérdida monetaria debido a la información contenida en este informe; ya sea directa o indirectamente.

Aviso Legal:

Este libro está protegido por derechos de autor. Este libro es solo para uso personal. No puede modificar, distribuir, vender, usar, citar o parafrasear ninguna parte o el contenido de este libro sin el consentimiento del autor o editor.

Aviso de exención de responsabilidad:

Tenga en cuenta que la información contenida en este documento es solo para fines educativos y de entretenimiento. Se ha hecho todo lo posible para presentar información precisa, actualizada, confiable y completa. No se declaran ni implican garantías de ningún tipo. Los lectores reconocen que el autor no se dedica a la prestación de asesoramiento legal, financiero, médico o profesional.

La guía moderna de publicidad pagada para dueños de negocios

Una introducción rápida a los anuncios de Google, Facebook, Instagram, YouTube y TikTok

Prefacio

¡Hola, lector!

En primer lugar, me gustaría señalar que este libro pretende ser una guía rápida y fácil de las plataformas publicitarias modernas que te introducirá en el panorama publicitario moderno y te dará las herramientas que necesitas para salir al mundo y *utilizar* estas herramientas, comenzando inmediatamente después de terminar el texto.

No es una guía definitiva, ni exhaustiva en su análisis. Si eso es lo que estás buscando, te sugiero que vayas a otro lugar. Si está buscando lo esencial, consejos y trucos para ponerse al día sobre el tema, bienvenido a *La Guía moderna de publicidad pagada para propietarios de negocios*

Introducción

Las personas y empresas expertas en publicidad pagada esencialmente tienen acceso a una impresora de dinero. Hay un exceso de canales publicitarios disponibles, que van desde Facebook y TikTok hasta Google y YouTube. La mayoría de los anuncios están destinados a vender un producto o servicio, aunque algunas grandes empresas realizan campañas masivas solo para generar buena voluntad de marca. Los buenos anuncios diseñados para vender un producto o servicio son rentables de por vida; el beneficio obtenido de los anuncios es mayor que la inversión publicitaria, no necesariamente a corto plazo, sino teniendo en cuenta el valor de por vida del cliente (LTV) derivado.

Dado que la publicidad pagada es tan escalable y llega a tantos cientos de millones de personas, los anuncios rentables o de equilibrio son una herramienta increíblemente valiosa. Por supuesto, la publicidad en línea no es un secreto y no es fácil. Muchos operadores publicitarios operan con pérdidas para atraer tráfico y ventas a sus productos con la esperanza de que el marketing de pago acabe generando un impulso orgánico.

Independientemente de la rentabilidad objetiva de la inversión publicitaria, una persona con la capacidad de mejorar la eficacia de los anuncios de una empresa, independientemente de cuál sea esa eficacia, vale mucho dinero para esa organización. Una persona que sobresale en la publicidad pagada puede generar enormes cantidades de tráfico dirigido a los sitios web de su elección, y muchos empresarios individuales utilizan esto en sus propias actividades.

Entonces, ¿en qué consiste la publicidad pagada? Generalmente, la publicidad implica un embudo. Cada embudo publicitario tiene varias etapas, que introducen a las personas a la marca y al negocio en el nivel más alto, y los convierte en clientes de pago en el nivel más bajo. Los embudos no siempre tienen que dirigirse hacia un punto de compra, sino solo hacia los KPI identificados en las secciones de estrategia de marca y social. Por ejemplo, considere el siguiente embudo de un negocio teórico:

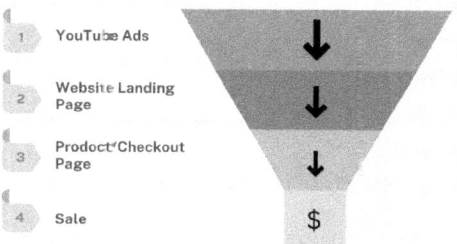

Crear grandes embudos de publicidad pagada no se trata solo de los anuncios. En cambio, cada paso del embudo debe optimizarse para llevar a la mayor cantidad de personas posible a la siguiente etapa. En el caso teórico, digamos que 1 millón de personas ven el anuncio de YouTube de una pequeña empresa. De 1 millón, solo 10.000 hacen clic en el anuncio y avanzan a la página de destino. Luego, solo 1,000 avanzan a la página de pago del producto y 100 se convierten en una venta. En cualquier etapa, un mal paso en el embudo (por ejemplo, un mal sitio web, anuncio o página de pago) podría afectar drásticamente los resultados. De esta manera, se debe trabajar en cada etapa para garantizar que se cree el mejor embudo general posible. Exploremos consejos para crear y mejorar cada paso del embudo.

En la parte superior de un embudo de publicidad pagada se encuentra un anuncio, que se muestra a los usuarios de un medio determinado, como un sitio web de redes sociales. Los anuncios suelen ser la etapa de menor conversión de todo el embudo, ya que los usuarios están sobreexpuestos a los anuncios en la mayoría de las plataformas. Si bien el tema de la creación de anuncios se explorará a fondo a lo largo de las secciones por plataforma publicitaria, concéntrese en estas cosas clave en todos los ámbitos (y en todas las plataformas) al crear anuncios:

Crea pensando en tu audiencia. No estás creando un anuncio para todo el mundo. Estás creando anuncios diseñados para resonar con tu audiencia (tus futuros clientes). Mantenga a ese grupo y sus problemas específicos en el centro de atención.

Redacción/oratoria. Dependiendo del formato (foto, vídeo, texto, etc.), dispones de un breve tiempo para comunicar un mensaje a tus espectadores. En los anuncios de video, debe tener un gancho conciso (dependiendo de la longitud), mientras que en los anuncios basados en fotos y texto, es imperativo un título pegadizo. Trabajar la simplicidad e incorporar los eslóganes de marca identificados en la sección de estrategia de marca. Asegúrate, sobre todo, de que si estuvieras en el lugar de un cliente potencial, seguirías viendo tu propio anuncio (pregúntale también a algunos amigos, puedes ser un poco parcial).

Diseño (visuales). Los elementos visuales, o imágenes, dependen del tipo de anuncio que elijas producir. Los anuncios de video son visualmente diferentes de los gráficos o de los anuncios de texto. Cuando se trata de anuncios de video, los elementos visuales y de diseño deben respaldar y promover el mensaje y la llamada a la acción. Piensa en la sección de estrategia de marca y basa el diseño en esas elecciones. Tenga en cuenta el ritmo y la duración: desea producir solo un anuncio de video de 15 segundos, o tal vez un video más largo de 2 minutos. Estas opciones se analizarán en profundidad a lo largo de la sección de anuncios de YouTube. En el caso de los anuncios basados en fotos, es aún más importante que los elementos visuales apoyen el mensaje y la llamada a la acción del anuncio. Manténgalo simple y acorde con la marca.

Mensaje. Más allá del gancho inicial, los grandes anuncios centrados en el producto transmiten claramente el valor de su negocio y oferta a los espectadores. La mayoría identifica o alude a un problema y describe la solución que se ofrece, a menudo de una manera que incorpora la prueba social. No importa el tipo de anuncios que produzcas, ten en cuenta los mensajes y mantenlos cortos y poderosos.

Llamada a la acción. Las llamadas a la acción animan a los clientes a realizar las acciones que conducen a su KPI. Las llamadas a la acción pueden tomar la forma de "compre ahora", "reserve una llamada" o "obtenga más información". Sea lo que sea, asegúrate de que sea visualmente claro y directo. Considere la posibilidad de ofrecer algún tipo de incentivo más allá de la propuesta de valor de la empresa, como un descuento, una prueba o una recompensa, y trate de aumentar la urgencia.

Después de las conversiones derivadas de los anuncios, los clientes generalmente son dirigidos a una página de destino de algún tipo. Una página de destino es una era web independiente creada específicamente para una campaña de marketing. Alternativamente, puede dirigir a los espectadores a un perfil social de su empresa en el que está buscando aumentar el número de seguidores. La página de destino generalmente canaliza a los usuarios a la etapa final del embudo, ya sea uniéndose a una lista de correo electrónico, visitando la ubicación geográfica de una tienda o comprando un producto en línea. Al crear páginas de destino o sitios web, tenga en cuenta estas prácticas recomendadas:

Comunica claramente un mensaje. La mayoría de las personas harán clic en su página de destino casi de inmediato. Su página debe tener un título fuerte que imparta de manera concisa el valor de la página (por qué un espectador debería quedarse). Puedes usar el eslogan de tu negocio u ofrecer un descuento. No importa cómo lo hagas, asegúrate de que alguien de tu público objetivo que no tenga una exposición previa a tu negocio quiera quedarse.

Imágenes vibrantes y textos convincentes. Esto se relaciona con la estrategia de tu marca en su conjunto: asegúrate de que las imágenes (¡que son imprescindibles!) y los colores de la página de destino comuniquen el ambiente del negocio. Por ejemplo, si eres una agencia de diseño de interiores personalizada, puedes optar por colores claros y amigables e imágenes de clientes y miembros del equipo felices. Si ofrece consultoría de operaciones a clientes corporativos, puede utilizar un conjunto de colores más oscuros y refinados con imágenes basadas en datos. Además, asegúrate de que tu título vaya seguido de una redacción concisa pero potente. Los testimonios, las fotos con los clientes y las imágenes de prueba social (cualquier cosa que comunique que eres real y profesional) funcionan bien.

Fuerte llamada a la acción. Su llamada a la acción impulsa a los espectadores de la página a realizar una acción que los empuja más allá de su embudo. Por ejemplo, "descargar", "obtenerlo ahora" y "reservar una llamada" son llamadas a la acción. Asegúrese de que la llamada a la acción en su página de destino sea clara y que todos los elementos de la página dirijan a los espectadores a ella. Puedes ofrecer algún tipo de descuento o recompensa para animar a la gente a tomar la llamada a la acción.

Asegúrese de que el proceso de registro de llamada a la acción no sea difícil. Hacer clic en "reservar una llamada" y luego tener que completar páginas de información personal, por ejemplo, seguramente reducirá drásticamente las tasas de registro incluso una vez que se hace clic en el botón de llamada a la acción. Más bien, simplifique y acorte la experiencia del cliente tanto como sea razonablemente posible.

Ahora hemos explorado los pasos generales involucrados en la creación de un embudo de publicidad pagada: primero el anuncio, luego la página de destino y, finalmente, la llamada a la acción y el comportamiento resultante. Ahora avanzaremos en una descripción de las principales plataformas publicitarias y las mejores prácticas para cada una.

Anuncios de Google

Google Ads es la plataforma publicitaria de motores de búsqueda por excelencia. Sirve anuncios a las 70.000 personas que buscan algo en Google cada segundo y a sus cuatro mil millones de usuarios en general.

Google Ads tiene una tasa de clics promedio del 2%, lo que significa que un usuario de cada cincuenta hace clic en un anuncio normal. 1,2 millones de empresas utilizan Google Ads, mientras que las empresas obtienen una media de 2 dólares en ingresos por cada dólar publicitario que gastan.

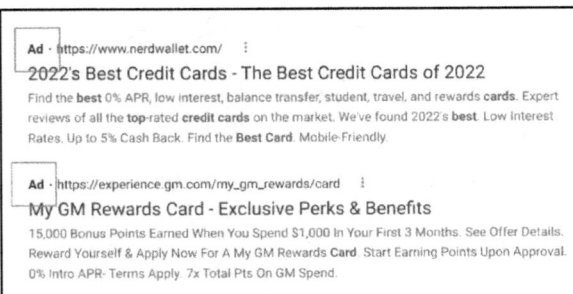

En resumen, Google Ads es una poderosa herramienta para todo tipo de negocios. La plataforma se basa en un PPCo modelo de pago por clic. Esto significa que solo pagas cuando se hace clic en tu anuncio: si 1 de cada 100 personas hace clic en el anuncio, solo pagas por un clic, no por las cien vistas (conocidas como impresiones). Tenga en cuenta los siguientes términos no solo cuando se trata de Google Ads, sino de todas las plataformas de anuncios de PPC:

- Un **palabra clave** es una palabra o frase buscada por los usuarios que ven su anuncio.
- Tasa de clics, conocida como **CTR** o **CTW (en inglés)**, son los clics divididos por las impresiones, o el número de personas que hicieron clic en su anuncio frente al número de personas que lo vieron (por ejemplo, si una de cada cien personas hace clic en un anuncio, el CTR es del 1%).
- Un **oferta** es cuánto estás dispuesto a pagar por cada clic. Las plataformas publicitarias funcionan como las casas de subastas: dado que muchas empresas compiten por las

mismas palabras clave, solo el anuncio con la oferta más alta obtiene la ubicación.[1]

- Usted **CPC**, o coste por clic, es el coste de los anuncios dividido por el número de clics.

- **ROAS**, o retorno de la inversión publicitaria, es equivalente al valor total de conversión (por ejemplo, unidades vendidas o clientes generados) dividido por los costos totales. Es similar en este sentido al ROI, aunque hay que tener en cuenta que se basa en los ingresos divididos por los costes, no en los beneficios.

Teniendo en cuenta estos términos, visite **ads.google.com** para comenzar a usar Google Ads.

---

[1] Esto es una simplificación. Quédate con él por ahora, pero ten en cuenta que la calidad cuenta, no solo el precio de la oferta.

Tenga en cuenta que Google otorga $ 500 en crédito publicitario gratuito a los usuarios nuevos que gastan $ 500 en anuncios.

Una vez que te registres con el correo electrónico de tu empresa, sigue unos breves pasos de configuración. Llegarás a la página "ahora es el momento de escribir tu anuncio".

Cuando escribas un texto, concéntrate en mantenerlo simple. Tienes un espacio limitado, así que piensa en tu público objetivo y en tu mensaje. Incluya una llamada a la acción y asegúrese de que sus anuncios se alineen con lo que los espectadores experimentarán cuando hagan clic en el anuncio y avancen por el embudo. Utiliza la prueba social y, si tienes la intención de anunciarte localmente, deja claro que prestas servicios en un área local específica.

En la página siguiente, elige palabras clave específicas y relevantes que imaginas que buscaría alguien interesado en tu producto o servicio. A continuación, especifique las ubicaciones en las que desea que se muestre su anuncio. Si eres una empresa con una ubicación física, hazlo de forma hiperlocal. Si no es así, elija las áreas que más representen el grupo demográfico al que se dirige.

Por último, elige un presupuesto razonable (empieza con algo pequeño, pero no lo suficientemente pequeño como para que los resultados sean difíciles de medir). Una vez que agregues la información de pago, ¡estarás listo para comenzar! Simplemente confirme que la oferta de crédito de $500 se aplica a su cuenta (se puede ver a medida que agrega información de pago).

El algoritmo de Google Ads incorpora un nivel de calidad en las pujas. Por esta razón, las nuevas cuentas y campañas pueden tardar algún tiempo en ponerse en marcha: comprenda que se trata de Google que está averiguando la calidad de su anuncio, no de una culpa suya.

A medida que siga utilizando los anuncios de Google, tenga en cuenta las siguientes estrategias y prácticas recomendadas:

- **Titulares y descripciones de pruebas A/B.** El juego de la publicidad consiste en probar tantos anuncios y palabras clave como sea razonablemente posible, y clasificarlos para identificar los que mejor funcionan. Para ello, realice pruebas A/B creando nuevos anuncios que cambien solo una variable de los anuncios de mayor rendimiento. Por ejemplo, si el anuncio de mayor rendimiento es dirigirse a personas de Canadá con el término de búsqueda "comprar equipo fotográfico", pruebe a anunciarse con la misma palabra clave en el Reino Unido. Las pruebas divididas de esta manera a lo largo del tiempo, así como la superposición de áreas demográficas y de interés (en otras plataformas, así como en Google), es la fórmula probada y verdadera para el éxito de PPC a largo plazo.

- **Elimine las palabras clave y las ubicaciones de bajo rendimiento con el tiempo.** Al probar muchas palabras clave y eliminar constantemente las de menor rendimiento, creará los anuncios más rentables y de menor costo.

- **Anúnciate en las palabras clave de la competencia.** Si las personas buscan competidores que ofrezcan productos o servicios similares a los suyos, es probable que también estén interesados en sus productos y servicios. Por lo tanto, simplemente agregue los nombres de sus competidores como palabras clave en las que se mostrarán sus anuncios. Al utilizar esta estrategia, concéntrate en lo que te diferencia de la competencia en los titulares y las descripciones.

Fíjate en cómo se desarrollan estas estrategias en la promoción de un libro que estoy llevando a cabo actualmente (a continuación). El anuncio está operando con un CTR bajo del 1% y un CPC igualmente bajo de $0.05. Dado que aproximadamente el 3% de los clics se convierten en una venta y el beneficio medio derivado de cada venta es de 3,5 $, el anuncio está generando un ROAS de 1,8 $, o 1,8 $ de beneficio bruto por cada dólar gastado en publicidad.

Además de estas estrategias generales, aquí hay algunas herramientas que pueden ayudarlo a identificar palabras clave y optimizar anuncios:

- **SEMrush**: potente investigación y análisis de palabras clave.

- **SpyFu:** seguimiento de palabras clave e investigación de la competencia.
- **Responda al público**: vea lo que la gente está buscando.
- **ClickCease**: evite el fraude de clics y las granjas de clics.
- **Dashword**: optimiza el texto del anuncio.

Concluiré reafirmando que Google es la plataforma publicitaria más grande del mundo con diferencia, con miles de millones de consumidores que hacen clic en sus anuncios. Dale tiempo y entiende que la rentabilidad no depende solo de la suerte cuando se trata del éxito de PPC, sino del trabajo que realizas para optimizar las campañas.

Anuncios de YouTube

Como el sitio líder mundial para compartir videos, YouTube registra más de dos mil millones de visitantes únicos por mes. En relación con los anuncios de Google basados en texto, YouTube te permite estar frente a una audiencia de una manera muy visual y, si se hace bien, atractiva.

Dado que Google es propietario de YouTube, los anuncios de YouTube se pueden configurar en la plataforma de Google Ads, y YouTube le permite anunciar videos en los resultados de búsqueda de Google.[2] Nos centraremos en la publicidad en vídeo dentro de la plataforma de YouTube.

---

[2] Así como anunciar anuncios de solo texto dentro de YouTube.

Los anuncios de YouTube se pueden usar para aumentar la participación y aumentar el crecimiento de suscriptores en un canal de YouTube, o (como es más popular) para llevar a los espectadores por un embudo para finalmente interactuar con un negocio determinado. En la siguiente campaña mía, fíjate en el muy barato CPV, o coste por visualización. Esencialmente, por alrededor de $ 100, esta campaña pudo multiplicar por 10 el recuento de vistas promedio del canal en ese momento, mostrar el anuncio a casi 300,000 personas en las cercanías del negocio detrás del canal y generar una tracción significativa de suscriptores.

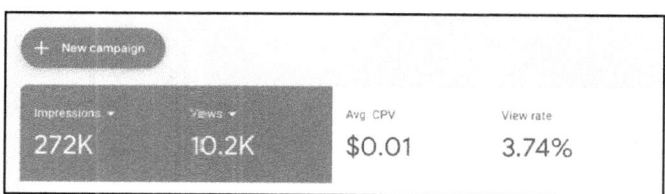

Alternativamente, tenga en cuenta la siguiente campaña, que fue diseñada para generar clics y dirigir a los clientes a un sitio web. Cualquiera de estos modelos contrastantes, o alguna combinación de los dos, se puede utilizar según los objetivos de su estrategia digital y social.

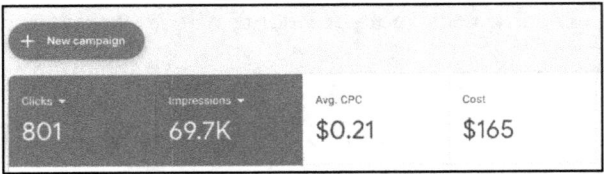

Ahora, tenga en cuenta los diferentes tipos de anuncios de YouTube, de la siguiente manera:

Anuncios de vídeo in-stream que se pueden omitir: Estos anuncios se reproducen antes (pre-roll) o durante un vídeo (mid-roll) y se pueden omitir después de cinco segundos. Al igual que en el modelo PPC, solo paga si un espectador hace clic en el anuncio o ve el video completo (si dura menos de treinta segundos) o los primeros treinta segundos.

Anuncios de vídeo in-stream que no se pueden omitir: dado que la mayoría de los espectadores de YouTube omiten automáticamente los anuncios a los cinco segundos, YouTube ofrece anuncios in-stream que no se pueden omitir. Estos anuncios, que pueden tener una duración de hasta 15 segundos, no pueden ser omitidos por los usuarios y se reproducen antes o durante un video. Sin embargo, YouTube cobra por las impresiones de los anuncios que no se pueden omitir, a diferencia de por clic o por visualización. Por lo tanto, el aumento del costo de los anuncios que no se pueden omitir debe sopesarse con el aumento de la participación.

Anuncios discovery: Estos anuncios aparecen junto a los resultados de búsqueda en lugar de antes o durante un video. A diferencia de los espectadores que ven directamente el video, tienen la opción de hacer clic en él y ser dirigidos hacia el video o canal asociado. Los anuncios discovery permiten tres líneas de texto además de un video y, por esta razón, son buenos para las empresas con una copia ágil (especialmente guiones de copia que funcionaron bien en otras plataformas publicitarias) y un enfoque menor en el enfoque de solo video.

Para configurar una campaña inicial, inicia sesión en tu cuenta de Google Ads o regístrate en ads.google.com (ten en cuenta que el crédito de 500 $ de tu cuenta de Google Ads también se puede aplicar a YouTube Ads).

Haz clic en "nueva campaña". Elige un objetivo de campaña, tal como lo harías al configurar un anuncio de Google, y al seleccionar el tipo de campaña, asegúrate de elegir "video".[3] Es posible que tengas que configurar el seguimiento de conversiones, que es una sencilla integración del sitio web, en función del objetivo que elijas.

A continuación, seleccione el subtipo de campaña (uno de los tipos de anuncio descritos anteriormente). Ignora "outstream" y "secuencia de anuncios" por ahora. Elija el idioma del anuncio, las ubicaciones en las que desea anunciarse, el objetivo de la campaña (optar por la selección automática está bien y no es

---

[3] También puede acceder directamente a la página de configuración de anuncios de video buscando en Google "anuncios de YouTube".

necesario establecer un costo objetivo por acción como usuario nuevo) y su presupuesto.

Ahora puede crear una audiencia personalizada, que incorpore datos demográficos, intereses y remarketing (por ejemplo, usuarios que ya han interactuado con su contenido o sitio web). Diseña tu audiencia personalizada en torno al público objetivo que definiste para tu negocio en la sección de estrategia de marca. Asegúrate de no ser demasiado específico, o de lo contrario el alcance del anuncio será limitado. En cuanto a las ubicaciones, si eres nuevo en la publicidad en línea, lanza una red amplia a través de unas pocas docenas de palabras clave, temas y ubicaciones que se ajusten a tu público objetivo. Google hará esto por ti en función del contenido del vídeo con el que te anuncies, por lo que también puedes optar por dejar las ubicaciones como "cualquiera".

Es posible que tengas que añadir contenido para un banner complementario, pero si es así, deja que Google lo genere automáticamente por ti. Por último, asegúrate de elegir una llamada a la acción y un título sólidos para mostrar debajo del anuncio de vídeo.

Ahora está listo para hacer clic en "crear campaña". Su anuncio debería comenzar a publicarse en unas pocas horas. Ten en cuenta estas estrategias y consejos a medida que continúes operando anuncios de YouTube:

Asegúrate de que tu cuenta de **Google Ads esté vinculada a tu canal de YouTube**. Para hacerlo, haga clic en "herramientas y configuración", "configuración" y "cuentas vinculadas".

Configura los anuncios de YouTube como no listados. Los anuncios de YouTube deben subirse a YouTube. Si tiene la intención de usar videos para anuncios pero no desea que sean públicos en su canal principal, simplemente configure la visibilidad en "no listado" en la configuración de video. Además, descarga las aplicaciones de YouTube Studio y Google Ads para realizar análisis sobre la marcha.

En un estudio realizado por Unskippable Labs, **se descubrió que los anuncios de YouTube que se pueden omitir en 30 segundos tienen la tasa de visualización (VTR) más alta.** Los primeros cinco segundos son los más importantes: centra un anuncio en la propuesta de valor, el discurso, el eslogan o la oferta realizada en ese período de tiempo inicial.

Diseñe anuncios específicamente para su visualización en dispositivos móviles o computadoras de escritorio. Los anuncios para su visualización en dispositivos móviles deben tener texto y elementos gráficos grandes y claros. El escritorio asigna más espacio para elementos creativos y funciones de diseño.

Aprovecha los experimentos de campaña. Los experimentos de campaña (similares a las pruebas A/B en Facebook, como se avecina) permiten a los usuarios copiar anuncios y cambiar una o varias variables. Esto le permite probar cómo el cambio de ciertas variables, como las palabras clave, las páginas de destino o las audiencias, afecta el rendimiento de los anuncios.

La calidad gana. Lo mismo ocurre con la autenticidad. La calidad y la autenticidad representan dos enfoques contrastantes de los anuncios: por ejemplo, un anuncio con la sensación de la Superbowl con actores famosos, escenarios complejos y efectos visuales frente a una persona grabando con su iPhone 6 en su sala de estar. Ambos temas funcionan: tómate un tiempo para pensar qué tipo de tema y estilo de anuncio general se adapta a tu marca y se comunica con tu audiencia de la mejor manera posible. Traer ayuda externa para crear excelentes anuncios es casi siempre la decisión correcta.

Aprende de tus competidores y de ti mismo. Si los competidores que ofrecen productos o servicios similares a los suyos han estado publicando anuncios de YouTube durante algún tiempo, probablemente tengan algo resuelto. Utilice sus anuncios como punto de datos cuando considere cómo diseñar sus anuncios y campañas. Además, si ha tenido éxito en otras plataformas publicitarias, incorpore esos aprendizajes en su proceso de creación y optimización de anuncios de YouTube. Sus actividades de marketing resumidas (especialmente entre las plataformas de publicidad digital) se ven mejor como una red que aprende exponencialmente lo que funciona y lo que no con el tiempo.

Ya hemos hablado de los anuncios de YouTube, el siguiente es el gigante de los anuncios en redes sociales.

Facebook (en inglés) Anuncios

Si bien Google puede ser la plataforma publicitaria por excelencia del motor de búsqueda (navegador), Facebook es la plataforma publicitaria clásica de redes sociales. Facebook tiene casi tres mil millones de usuarios activos mensuales, mientras que la tasa de conversión promedio (CTR) de los anuncios de Facebook es de alrededor del 9%, y el 41% de los minoristas encuestados dijeron que su ROAS era más alto en Facebook. Facebook también es una poderosa plataforma publicitaria en el sentido de que proporciona una variedad de herramientas para permitir que los anunciantes se dirijan con precisión a las personas a las que busca llegar, como a través de intereses, comportamientos, historial, etc. Si bien la capacidad de orientación de los anuncios de Facebook ha disminuido en los últimos tiempos debido a preocupaciones sobre la privacidad, todavía presenta herramientas de orientación muy poderosas en relación con la mayoría de las principales plataformas publicitarias.

Los anuncios de Facebook están integrados con Instagram (ya que Meta, anteriormente Facebook, es propietaria tanto de Facebook como de Instagram) en la medida en que los anuncios creados a través de Facebook se pueden ejecutar simultáneamente en Instagram.

Finalmente, Facebook tiene un "píxel Meta" (anteriormente píxel de Facebook) que es un fragmento de código agregado a su sitio web. Esto le permite realizar un seguimiento eficaz de las acciones que realizan los clientes a través de los anuncios de Facebook para controlar mejor las conversiones y las métricas finales. El píxel de Facebook también le permite reorientar a los clientes más adelante, ya que realiza un seguimiento de sus acciones una vez que visitan su sitio web y agrega esos datos para optimizar automáticamente los anuncios. Los píxeles incluso se pueden configurar en su sitio web incluso antes de comenzar a usar los anuncios de Facebook.

Para hacerlo, vaya a "administrador de eventos" en "todas las herramientas" en business.facebook.com. Haga clic en "conectar fuentes de datos", "web" y luego seleccione "Meta Pixel". Haz clic en conectar, dale un nombre e introduce la URL de tu sitio web. Podrás conectarte automáticamente a WordPress. Si optó por utilizar cualquier otro proveedor de sitios web que no sea WordPress, busque un tutorial sobre cómo instalar manualmente el píxel en ese sistema.

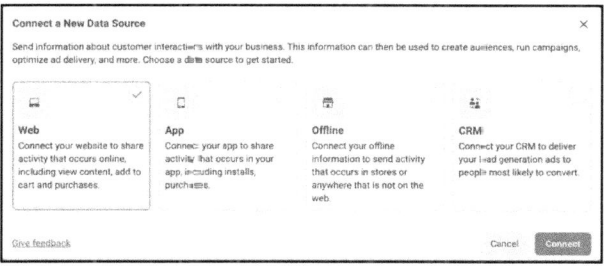

Una vez que el píxel está integrado, puede configurar eventos. Los eventos son acciones que las personas realizan en su sitio web, como comprar un producto, unirse a una lista de correo electrónico o reservar una reunión. Si bien puedes configurar eventos manualmente, es más fácil hacerlo a través de la herramienta de configuración de eventos, que se puede encontrar en el Administrador de eventos de Meta.

Con el píxel correctamente instalado y los eventos creados, exploremos la plataforma publicitaria de Facebook y la configuración de la campaña.

Confirma que has iniciado sesión en tu cuenta de empresa de Facebook. A continuación, visita facebook.com/adsmanager/manage/campaigns, que te llevará directamente al administrador de anuncios. Asegúrate de descargar la app del administrador de anuncios de Meta para análisis móviles.

A continuación, haga clic en el botón "crear" debajo de las campañas y elija un objetivo de campaña. La mayoría de las pequeñas empresas optan por las ventas, los clientes potenciales o el conocimiento. Una vez elegido, serás redirigido a la nueva página de la campaña. Los anuncios de Facebook funcionan en los siguientes tres niveles:

Campañas Define los objetivos de nivel superior de tu publicidad, como el objetivo, y facilita la agrupación de diferentes campañas por su propósito asignado.

Conjuntos de anuncios están un nivel por debajo de las campañas y definen una determinada audiencia a la que se muestran los anuncios. Aquí, también establecerá el presupuesto, la programación y las ofertas. Por último, se **anuncio** es lo que ven los clientes. A nivel de anuncio, agregará texto, elementos visuales y un botón de llamada a la acción.

Campaigns	Ad sets	Ads

Por lo tanto, cada conjunto de anuncios puede tener varios anuncios y cada campaña puede tener varios conjuntos de anuncios. Durante la configuración, se te pedirá que crees una campaña, un conjunto de anuncios y un anuncio.

De vuelta en la pantalla de configuración de la campaña, elige un nombre, mantén desactivada la opción "Prueba A/B" (ya que es más fácil hacerlo en la barra de herramientas del administrador de anuncios), activa "Presupuesto de la campaña de ventaja" y pulsa Siguiente.

Ahora, en la página de creación del conjunto de anuncios, puedes definir el público al que quieres llegar. Conecta tu píxel, activa la "creatividad dinámica" y establece un presupuesto. Es mejor dividir su presupuesto en muchos anuncios (para finalmente canalizarlo hacia los anuncios de mayor rendimiento) en lugar de gastarlo todo en un solo anuncio.

A continuación, elige tu audiencia. Las audiencias se pueden personalizar en función de la ubicación, la edad, el sexo, las conexiones, los datos demográficos, los intereses, los idiomas y los comportamientos. Una vez más, los anuncios tienen que ver realmente con la experimentación, por lo que debes tratar de probar una variedad de audiencias a lo largo del tiempo. Por ahora, personaliza la audiencia según el tipo normal de cliente al que atiendes. No sientas la necesidad de usar todas las opciones de segmentación: si tu base de clientes no está sesgada hacia un determinado género, por ejemplo, simplemente déjala como "todos los géneros". Si bien por lo general es mejor mantener la selección de audiencia específica para empezar, asegúrese de que la audiencia elegida no sea demasiado pequeña. De lo contrario, no podrá generar suficientes impresiones ni conversiones significativas. Mantén activada la "segmentación detallada de ventajas" y asegúrate de guardar la audiencia para su uso posterior y las pruebas A/B.

Deje el "objetivo de costo por resultado" en blanco por ahora.[4]

Ahora puede avanzar a la página de configuración de anuncios. Asegúrese de que las cuentas de Facebook e Instagram conectadas sean correctas. Luego, elija el formato y tenga en cuenta que "carrusel" es mejor para mostrar varias imágenes o videos que detallan sus ofertas o negocios.

Los anuncios PPC de medios personalizados son los mejores: al igual que con los anuncios de YouTube, las personas notan gráficos, fotos y videos de calidad. Y lo que es más importante, casi todo el mundo pasará inmediatamente por alto los malos. Concéntrese en la

---

[4] Como el costo por resultado varía ampliamente, es mejor establecer un objetivo solo después de haber establecido una línea de base.

simplicidad y las imágenes atractivas. Como siempre, asegúrate de incorporar elementos de tu estrategia de marca.

Cuando diseñes tu anuncio y escribas el texto, piensa en la propuesta de valor del anuncio: necesitas algo tan pegajoso o atractivo que la gente seguramente investigará. Puede ser un gran descuento, un producto único, un servicio local o un mensaje desgarrador. Sea lo que sea, asegúrate de que quede claro en el título, el texto principal y los gráficos. Las especificaciones de los anuncios son las siguientes:

- **Anuncios de imagen**: Tamaño: 1.200x628 píxeles. Relación: 1,91:1.
- **Anuncios de vídeo**: Tamaño del archivo: 2,3 GB máx. Tamaño de la miniatura: 1.200 x 675 píxeles.

- **Anuncios de carrusel**: Tamaño de la imagen: 1.080 x 1.080 píxeles.
- **Anuncios de presentación de diapositivas**: Tamaño: 1.289 x 720 píxeles. Relación: 2:3, 16:9 o 1:1.

Asegúrate de completar las cinco opciones posibles para el título y el texto de la descripción (nuevamente, trabaja hacia atrás para identificar a los mejores de un conjunto inicial sólido). No te pongas muy cargado de palabras clave ni intentes sonar demasiado clickbaity, solo comunica tu valor.

Por último, elige un botón de llamada a la acción relevante. Una vez hecho esto, habrás creado correctamente una campaña, un conjunto de anuncios y un anuncio. Todo lo que queda es hacer clic en publicar.

Siga la misma estrategia descrita en la sección de Google Ads de dividir su presupuesto en varios anuncios y conjuntos de anuncios, eliminar los de peor rendimiento, realizar pruebas A/B de los mejores y continuar este proceso a lo largo del tiempo (o en la medida en que mejor se adapte a su negocio). Para terminar, aquí hay algunos consejos rápidos a tener en cuenta:

- Crea anuncios de Facebook Canvas: aunque requieren un mayor esfuerzo para crear, se ha demostrado que aumentan la participación.
- Aumentar la visibilidad de la publicación a través del objetivo de "compromiso".
- Aprovecha la herramienta de "audiencia similar".

- Elija colocar anuncios solo en computadoras de escritorio o dispositivos móviles (lo que se adapte mejor a su embudo).

Con esto concluyen los anuncios de Facebook. Tenga en cuenta que los cambios de privacidad están obligando a Facebook a actualizar sus mecanismos de seguimiento con frecuencia. Este libro se actualizará cada año para reflejar las condiciones actuales con la mayor precisión posible, pero comprenda que el proceso de configuración puede diferir con el tiempo.

Anuncios de Instagram

Los anuncios de Facebook se muestran automáticamente en Instagram. Esta sección se refiere a la función "publicaciones promocionadas" en Instagram, que permite a los usuarios promocionar publicaciones de Instagram como si fueran anuncios. Los anuncios de Instagram son una excelente manera de aumentar la exposición y ganar seguidores rápidamente en Instagram.

Para promocionar publicaciones, inicie sesión en una cuenta de Instagram comercial (profesional). Ve a "herramientas publicitarias" y toca "elegir una publicación". Elige la publicación que quieres promocionar: si aún no has conectado tu cuenta de Instagram a la página de Facebook de tu empresa, ahora es el momento.

A continuación, establece el objetivo del anuncio, personaliza el público al que quieres llegar y elige tu presupuesto. Su anuncio comenzará a publicarse en breve: manténgase actualizado con las estadísticas, ya sea a través del botón de análisis en cada publicación o el botón "herramientas publicitarias".

Si tienes una tienda de Instagram adjunta a tu página, puedes etiquetar tus productos en una publicación y luego promocionar esa publicación para incluirlos en un anuncio.

Si bien es poco probable que los anuncios de Instagram ofrezcan resultados asimétricos en comparación con plataformas como Google o Facebook, son notablemente estables y consistentes en los resultados que ofrecen y, como se dijo, una excelente manera de aumentar la exposición y aumentar el número de seguidores.

Considere los análisis de una promoción de publicaciones mías a pequeña escala. 200 dólares en inversión publicitaria generaron alrededor de 1.400 me gusta, 70 compartidos y 5.881 visitas al perfil, que se convirtieron en varios cientos de nuevos seguidores. En una cuenta relativamente pequeña, esto fue un gran impulso para el crecimiento de la página y la exposición de la publicación.

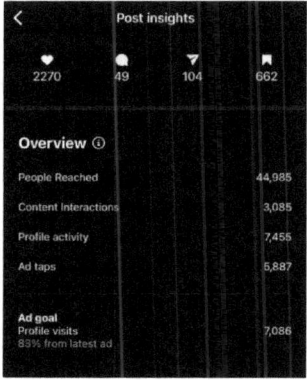

Desafortunadamente, Instagram actualmente no ofrece recompensas a los usuarios de anuncios de Instagram por primera vez. Si desea un crédito para crear un anuncio a través de Facebook que se pueda compartir en Instagram (sin el beneficio de participación y exposición de promocionar una publicación), consulte la sección de anuncios de Facebook.

Ya hemos hablado de las principales plataformas publicitarias: Facebook, Instagram, Google y YouTube. Ahora exploraremos un segundo nivel de plataformas publicitarias: Nextdoor, TikTok, Pinterest, Snapchat y Amazon.

Anuncios de Nextdoor

Esta sección fue escrita con la visión de Blake Martin, quien usó Nextdoor Ads para hacer crecer su negocio de pintura de bordillos a ganancias de seis cifras cuando era estudiante de secundaria. Al lado es una poderosa herramienta de creación de redes y generación de clientes potenciales para empresas que atienden a una clientela local.

Con 70 millones de usuarios, Nextdoor aprovecha la comunidad para ayudar a las empresas a crecer, de hecho, el 88% de las personas compran en un negocio local al menos una vez a la semana y el 44% dice que está dispuesto a gastar más en negocios locales. Por lo tanto, aprovechar Nextdoor como megáfono para llegar a tu comunidad local a través de la publicidad y el contenido orgánico es un imperativo absoluto para las empresas con ubicaciones físicas o que sirven a una comunidad local.

Examinaremos varias técnicas de divulgación que han demostrado tener un efecto beneficioso en muchas pequeñas empresas. Todas las empresas deben configurar su página de empresa y compartir una publicación inicial en la que presenten su negocio en la plataforma Nextdoor; Si tu empresa ofrece artículos de bajo precio y se beneficia más de una base de clientes locales recurrentes, publicar regularmente contenido orgánico es una estrategia principal (en relación con la publicidad, que exploraremos más adelante).

Dentro de la publicación inicial, siga el formato *de venta usted mismo* o el método *de venta de su cliente*. El método *de venta es* clásico, pero efectivo de todos modos. Comience por presentar su negocio a la comunidad de una manera agradable (incorpore su historia tanto como sea posible) y luego indique qué lo diferencia como negocio en relación con otros dentro de su comunidad (incluya imágenes relevantes). Como ejemplo de primera línea: "Hola, mi nombre es Daegan. Soy peluquera en San Francisco y me especializo en resolver la caída del cabello".

Nextdoor tiene una audiencia mayor que la típica aplicación de redes sociales, por lo que Daegan se destacó al brindar una solución a un problema que se encuentra comúnmente entre los grupos demográficos de mayor edad. Replicar esto dentro de tu propuesta de Nextdoor depende de dónde vivas, solo tienes que analizar los grupos de edad y los datos demográficos de tu comunidad.

Dentro de la publicación, también incluye el precio de tu producto/servicio y cierra con la información de contacto y la ubicación de la tienda (si corresponde), así como los descuentos o recompensas. Puedes pensar en esta inicial

El segundo formato de publicación, llamado método de *venta de clientes* , se trata de hacer que su cliente considere los beneficios que experimentaría de sus productos o servicios. Por ejemplo, en lugar de que Daegan se limite a describir su negocio, podría publicar una foto del antes y el después de su tratamiento contra la caída del cabello. Al describir a un cliente habitual y cómo resuelve sus problemas, las personas que se ajustan al perfil del cliente objetivo reaccionarán con fuerza, en esencia, harán que el espectador piense en lo que su producto/servicio podría hacer por ellos a través de señales visuales, testimonios y un lenguaje atractivo.

Lo más importante es que te asegures de que tus publicaciones cuenten una historia. En Nextdoor, no quieres sonar como un anuncio genérico, pero al mismo tiempo, no hagas que tu negocio suene como un pasatiempo. Más bien, cuenta una historia relacionable, profesional y atractiva que termine con una llamada a la acción. Asegúrate de participar una vez que compartas la publicación: responder a los comentarios contribuye en gran medida a fortalecer las conexiones.

En resumen, te sorprendería el impacto que una publicación sólida de Nextdoor puede tener en tu negocio. Las aplicaciones como Nextdoor tienden a ejemplificar el efecto bola de nieve: si tu publicación explota, todos los miembros de una comunidad se sentirán obligados a probar tu negocio, impulsados por el FOMO y el deseo de apoyar a los emprendedores locales.

Más allá del contenido orgánico, la publicidad a través de Nextdoor es una poderosa herramienta ideal para las empresas que venden artículos o servicios de alto precio. Ten en cuenta que los anuncios de Nextdoor no se publican en un modelo de PPC, sino que pagas por adelantado y los anuncios se mezclan con el contenido orgánico en la pestaña "Inicio" de Nextdoor. Dado que Nextdoor muestra a los usuarios relativamente pocos anuncios en relación con la mayoría de las otras plataformas sociales, las conversiones suelen ser mejores, incluso si el seguimiento y el análisis son peores.

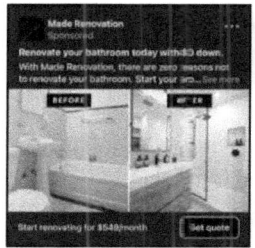 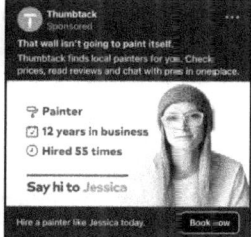

Para comenzar, visite business.nextdoor.com. Haz clic en "Reclamar tu página de empresa gratuita" y asegúrate de haber iniciado sesión con tu cuenta personal de Nextdoor. Ingresa el nombre, la dirección y las categorías (¡elige varias!) de la empresa. Al hacer clic en "crear página", se le dirigirá a una página de creación de anuncios. Elija un objetivo para su campaña: "obtener más mensajes directos" es lo mejor para las empresas que venden artículos de alto precio o aquellos que se basan en la generación de clientes potenciales, "aumentar las visitas al sitio web" es lo mejor para una empresa que vende una variedad de productos en línea, y "promover una venta o descuento" es lo mejor, como se puede adivinar, cuando tiene una venta fuerte o un incentivo para promocionar. En función del objetivo de la campaña que elijas, completa el siguiente paso a través de una de estas dos opciones:

Recibe más mensajes directos. Escribe algunas indicaciones personalizadas que detallen las preguntas frecuentes y las preguntas que es probable que hagan los clientes potenciales. Llene no menos de tres y no más de siete.

Promocione una venta o descuento y aumente las visitas al sitio web. En el caso del contenido de los anuncios, concéntrese en la relación y la singularidad. Identifica los principales puntos de venta y eslóganes de la sección de identidad de marca (para el título) y utiliza encuestas, estadísticas y testimonios como prueba social (para la imagen). Asegúrese de que el enlace de clic vaya a una página de destino optimizada y que el botón de llamada a la acción encaje con la página de destino.

Luego, considere el área en la que está buscando comercializar sus anuncios en todo momento. Para ello, analiza dónde viven tus clientes actuales, cómo te encuentran y hasta dónde estarían dispuestos a llegar por tu producto o servicio. Empezar, súper local y expandirse con el tiempo suele ser el camino a seguir.

Por último, establezca el presupuesto y haga clic en publicar. Dado que los anuncios de Nextdoor no se basan en un modelo de PPC, actualizar y optimizar las campañas publicitarias a lo largo del tiempo es en gran medida una cuestión de publicar muchos anuncios de bajo costo ($ 3-$ 10 por día) y hacer la transición del gasto publicitario a lo largo del tiempo hacia los mejores resultados.

Nextdoor realmente ha hecho maravillas por mi negocio, y creo firmemente que puede hacer lo mismo con muchas empresas que dependen de su comunidad local para crecer y prosperar. ¡Tal vez tu vecino sea tu mejor cliente después de todo!

Anuncios de TikTok

TikTok Recientemente ha tomado por asalto el mundo de la publicidad, y muchos vendedores en línea hablan de ello como una fiebre del oro. Los anuncios de TikTok funcionan mejor para las empresas que buscan dirigirse a audiencias menores de 30 años con productos o servicios que se ofrecen en línea (por ejemplo, no intente anunciarse localmente en TikTok). Los anuncios de TikTok se distribuyen a través de otras aplicaciones de la red TikTok, en particular Pangle y BuzzVideo.

Todos los anuncios de TikTok son de formato corto y orientados verticalmente; Extremadamente corto funciona mejor, por lo que por debajo de la marca de 15 segundos (aunque incluso más corto suele ser mejor). Un mensaje visualmente atractivo, así como contundente, es imprescindible.

Al configurar tu primera campaña, se te pedirá en "crear nueva" que elijas las ubicaciones de los anuncios: puedes optar por la colocación automática, donde TikTok elija por ti, o ir manual y seleccionar dónde quieres que se muestren tus anuncios. Inicialmente, es mejor optar por la colocación automática o probar una amplia variedad de ubicaciones manuales con un presupuesto limitado. A continuación, puedes crear audiencias personalizadas de forma muy parecida a como lo harías en Facebook (ten en cuenta que los "grupos de anuncios" de TikTok son equivalentes a los "conjuntos de anuncios" de Facebook). Ten en cuenta que TikTok tiene un píxel similar al píxel de Facebook.

Como nota final, no recomendaría impulsar los videos de TikTok como anuncios simplemente para aumentar la exposición y aumentar el número de seguidores. TikTok no es difícil de crecer a través del contenido orgánico en relación con casi todas las demás plataformas sociales y alcanzar el punto de equilibrio a través de anuncios diseñados para aumentar la exposición es inverosímil. Trabajé con una empresa que había estado invirtiendo miles de dólares en anuncios de TikTok con ese mismo propósito: su cuenta, a pesar de estar verificada y tener un gran equipo social, se estrelló y acumuló solo unos pocos cientos de miles de me gusta, lo que se tradujo en un seguimiento inferior a 10k y una pérdida casi total en términos de ROAS.

En su lugar, aprovecha los anuncios de TikTok en el feed para animar a los usuarios a visitar una página de destino. Ponte en marcha a getstarted.TikTok.com.

Nota del editor

¡Aquí tienes! Esa es su introducción rápida a las seis plataformas de publicidad de pago por clic dominantes. No hemos cubierto todo, pero hemos cubierto los conceptos básicos que le brindan la capacidad de comenzar a usar estas plataformas con éxito de inmediato y usar este texto como trampolín para un mayor aprendizaje.

Dicho esto, la mejor de las suertes en el uso de publicidad pagada para hacer crecer su negocio. ¡Te animamos!

© Año 2024

_____

/ Nextdoor: Renovación, chincheta

www.ingramcontent.com/pod-product-compliance
Lightning Source LLC
LaVergne TN
LVHW012036060526
838201LV00061B/4631